simple comme

la plomberie

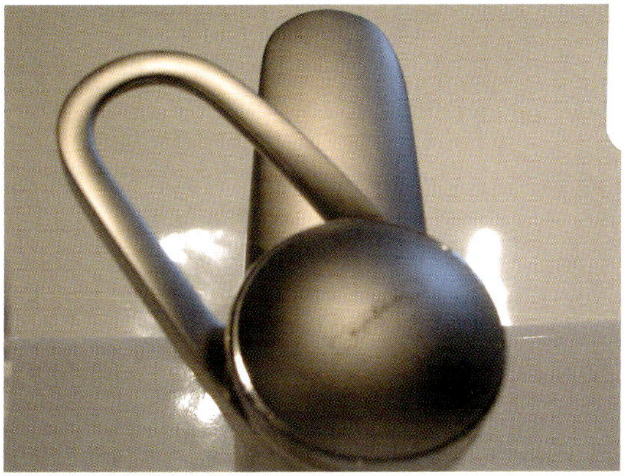

Coordination de l'ouvrage :

Marc-Paul BAISE

ÉDITIONS S.A.E.P. 68040 INGERSHEIM - COLMAR

OUTILS NÉCESSAIRES À LA RÉALISATION DES TRAVAUX

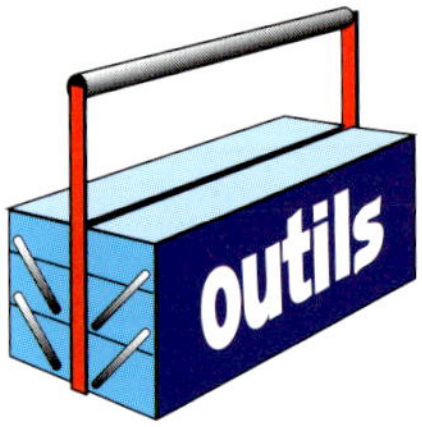

L'INDICE DE FACILITÉ

FACILE

*

DIFFICULTÉ MOYENNE

* *

DIFFICILE

* * *

L'INDICE DE TEMPS UTILE

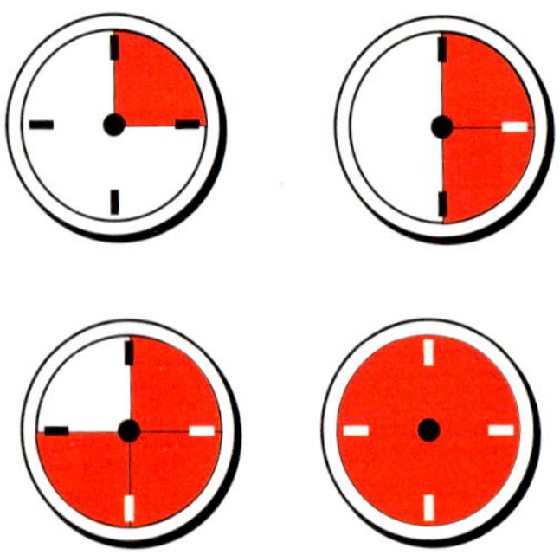

Des signes qui parlent

Pour savoir rapidement où vous en êtes, il vous suffit de consulter les quelques informations essentielles figurant en haut de chaque page.

LES OUTILS

Histoire de faire le point sur le minimum vital pour chaque intervention...

L'INDICE DE FACILITÉ :

Pour vous donner une idée de la simplicité réelle des manipulations.

1 : interventions accessibles à tout Novice sans exception.
2 : accessible à tous, ces interventions requièrent un peu plus d'attention.
3 : également accessibles à tous, ces interventions demandent une préparation légèrement plus longue.

L'INDICE DE TEMPS UTILE :

Pour que vous sachiez dès le départ combien de temps consacrer en moyenne à une intervention.

S O M M A I R E

La plomberie dans votre vie

Dès potron-minet, il y a la douche délicieuse qui vous réveille en douceur. Puis, c'est le moment du café qui s'égoutte en ronronnant. Et que diriez-vous d'un bon verre d'eau fraîche pour vous désaltérer ?
Pourtant, le tableau n'est pas tous les jours aussi harmonieux. Parfois, on se réveille la nuit à cause d'un bruit lancinant : une goutte d'eau qui s'ébroue dans la cuisine toute proche. Ou bien c'est une canalisation bouchée qui nous cause des ennuis. En marge du train-train quotidien, il y a ainsi ces petits soucis dont on se serait bien passé ! C'est ainsi que, certains jours, l'eau nous révèle sa force indomptable liée à sa formidable force de pression, alors qu'on aurait pu la croire totalement domestiquée…

« Avant tout, gardez votre calme » dit-on dans les films-catastrophes : ici, cette règle d'or s'applique aussi. Que faire ? Appeler les secours ? Mais un spécialiste n'est pas toujours disponible… et il faudra aussi le dédommager. Et si vous êtiez capable de faire vous-même quelques interventions de base ?
C'est vrai : le bricolage, c'est délicat. Il faut du temps, de la précision… Mais avec quelques connaissances de départ et un peu de soin, c'est encore plus facile que faire la cuisine ! En effet, avec les nouveaux outils et matériaux disponibles aujourd'hui (colles rapides, fiables et presque sans odeurs, rubans teflon, anti-fuite autoamalgamant, mastic epoxy), tout est devenu plus facile, plus rapide, moins salissant et accessible à tous. Pour un minimum de temps et d'effort… et un maximum d'économies !

Vous ne vous saviez pas bricoleur dans l'âme ? Grâce à ces quelques conseils, peut-être vous découvrirez-vous une passion, ou du moins une bonne raison de faire vous-mêmes quelques menues bricoles. Parce que, comme chacun sait, on n'est jamais mieux servi que par soi-même…

LA PLOMBERIE POUR NOVICES

Le présent ouvrage est divisé en parties simples et claires, pour un maximum d'efficacité :

1. **Quelques connaissances de base en plomberie.**
2. **Une première approche des pannes : Réparer. Parce qu'aujourd'hui il est parfois aussi facile de réparer que de tout changer…**
3. **Une méthode simple pour améliorer vos installations : Remplacer. Parce que, parfois, un changement s'impose vraiment !**
4. **Un guide pour faire soi-même quelques manipulations utiles : Installer.**

Note :

Concis et complets, ces conseils pratiques s'appliquent autant à la cuisine, la salle de bains qu'aux WC !

Le circuit d'eau

LE CIRCUIT D'EAU EN DEUX MOTS

Caché dans la cave et à l'intérieur des murs, c'est tout un système de tuyaux, de raccords et de robinets qui draine l'eau partout dans votre lieu de vie. Partant du compteur, l'eau s'écoule ainsi dans les canalisations jusqu'à la robinetterie – soit directement pour l'eau froide, soit en passant par le chauffe-eau pour l'eau chaude – avant de parvenir aux équipements sanitaires et ménagers. Après utilisation, elle emprunte les conduites d'évacuation, en route vers la sortie.
Voici quelques mots-clefs utiles en guise d'introduction à la plomberie et à ses principaux composants.

LE COMPTEUR D'EAU

C'est la borne d'arrivée de l'eau, véritable jonction entre le réseau collectif et vous : ici débute le chemin tortueux de l'eau dans votre maison ou dans l'immeuble que vous habitez. D'ordinaire, on retrouve facilement cet élément essentiel à la cave.

LES CANALISATIONS

Elles sont chargées de distribuer l'eau partout où vous en avez besoin.
◆ L'eau froide est directement issue du réseau collectif. Les canalisations qu'elle emprunte subissent donc la pression la plus élevée.
◆ L'eau chaude passe d'abord par le chauffe-eau ; les canalisations qui lui sont réservées sont donc soumises à de fortes températures.

Type de panne
En général, les problèmes sont causés par des dépôts de calcaire et par les contraintes de pression et de dilatation (phénomène dû à l'action de la chaleur).

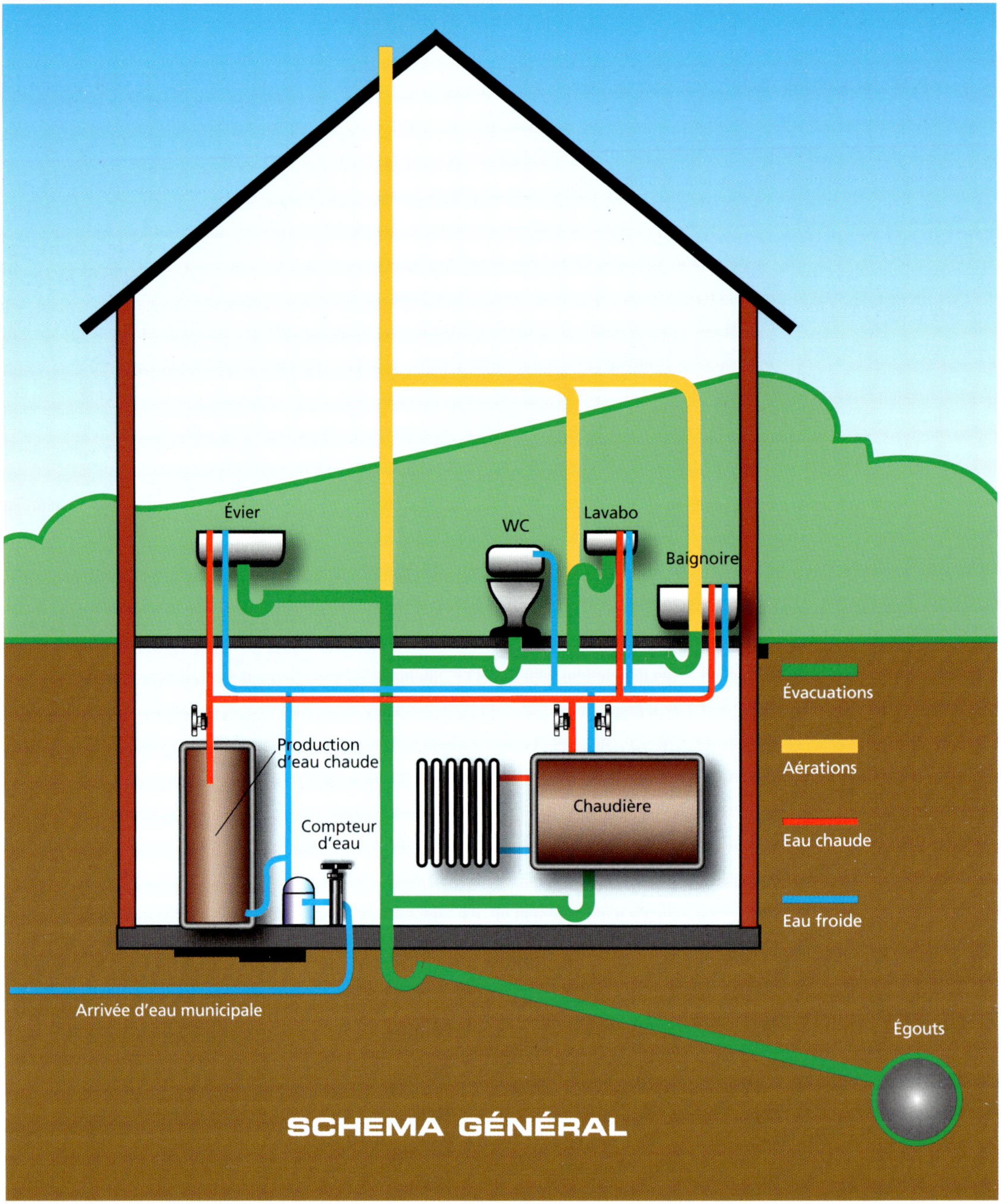
Évier
WC
Lavabo
Baignoire
Évacuations
Aérations
Eau chaude
Eau froide
Production
d'eau chaude
Chaudière
Compteur
d'eau
Arrivée d'eau municipale
Égouts
SCHEMA GÉNÉRAL

LA ROBINETTERIE

Il s'agit du principal point de contact entre le réseau et l'utilisateur.

◆ Le robinet d'arrêt se cache sous l'évier ou derrière un appareil ménager : c'est celui que l'on ne voit jamais. Sa fonction est pourtant essentielle : elle consiste à couper l'alimentation en cas de fuite ou de travaux petits ou grands.

◆ Les robinets de puisage sont la partie visible de la robinetterie, et pour cause : on s'en sert tous les jours ! Ils sont donc, logiquement, plus sujets aux petites défectuosités…

Type de panne :

Ici, c'est l'usure due à la forte utilisation du matériel qui est la première responsable. Il ne vous reste plus qu'à remplacer les pièces vieillies…

L'ÉVACUATION

Une fois utilisée, l'eau repart d'où elle est venue : elle quitte l'habitation pour retourner vers les équipements collectifs d'évacuation des eaux usées.

◆ Les canalisations d'évacuation comportent en général une pente bien prononcée. Comme leur nom l'indique, elles ont pour mission d'évacuer les eaux usées vers la canalisation principale.

◆ La canalisation principale recueille toutes les eaux usées de la maison afin de les renvoyer au tout-à-l'égout ou à la fosse septique.

LES SIPHONS

Quand la circulation d'eau est fluide et que votre habitation sent la rose ou la lavande, c'est un peu grâce aux siphons ! En effet, ceux-ci empêchent les eaux usées et les odeurs de remonter vers les équipements sanitaires…

LES ROBINETS DE PUISAGE :

◆ **Le mélangeur :**

Il possède deux poignées (eau chaude/eau froide) et un col-de-cygne. L'utilisateur doit actionner les deux têtes pour obtenir de l'eau tiède, d'où son nom… Plus chic et classique, il reste l'apanage des décors intérieurs traditionnels.

◆ **Le mitigeur :**

Muni d'une seule poignée actionnant un boisseau perforé, il est d'un maniement plus souple : une simple rotation permet de doser la température. Le marché propose plusieurs types de mitigeurs : à boule, à cartouche, à disque, à compression. Moderne et pratique, le mitigeur présente un réel confort d'utilisation et se révèle souvent plus économique : inutile de dire qu'aujourd'hui, il a la cote !

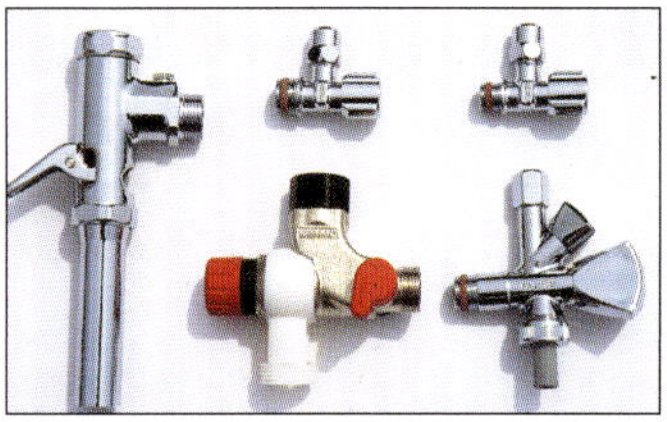

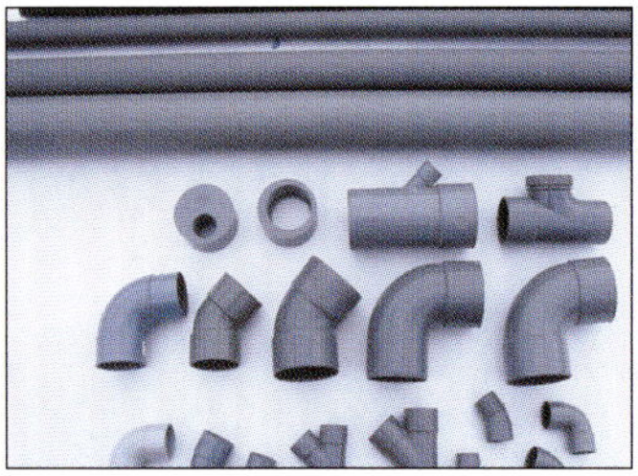

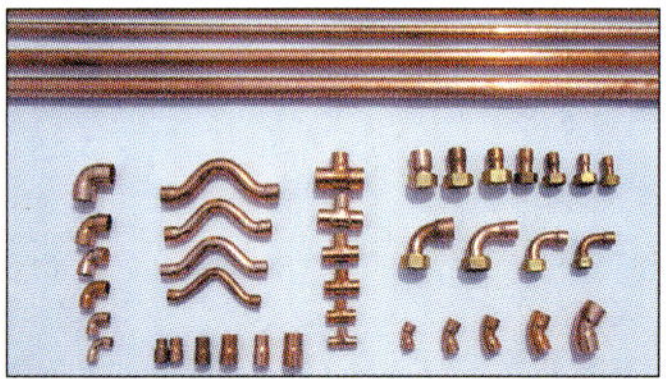

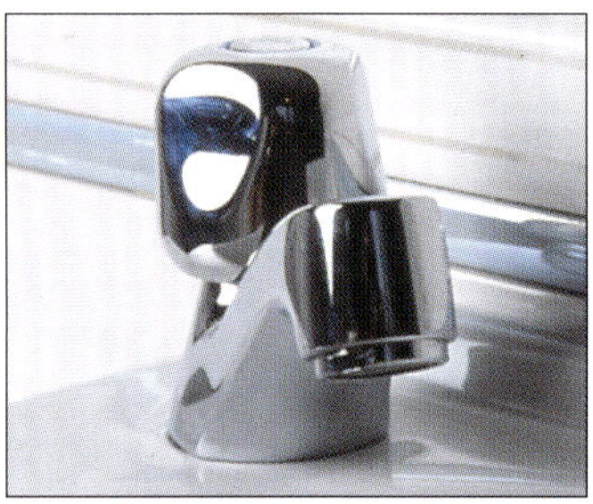

POUR VOTRE SÉCURITÉ

Observez toujours ces règles simples :

◆ Coupez toujours l'arrivée d'eau (au niveau du robinet d'arrêt) avant tout travail de plomberie. Car les mauvaises surprises sont toujours désagréables…

◆ Prenez garde à l'électricité ! Evidemment, lorsque l'on bricole avec l'eau, c'est le premier risque à envisager, surtout si vous utilisez une perceuse. Pour prévenir tout incident, veillez à bien assécher l'aire de travail avant d'entreprendre les quelques travaux que vous envisagez. Jetez un œil sur les prises environnantes : quel est leur état général ? N'hésitez pas à changer les prises – ou mieux : à les délocaliser en hauteur – si vous constatez des traces d'humidité (moisissures). De même, une fuite d'eau constatée à proximité d'une installation ou d'un fil électrique doit être considérée avec une grande prudence.

◆ Assurez-vous que vous travaillez sous un éclairage satisfaisant. Si tel n'est pas le cas, munissez-vous d'une lampe-torche : ainsi, vous maîtriserez mieux votre espace de travail.

Avant de commencer

Pour démarrer du bon pied et conserver sa bonne humeur, mieux vaut observer quelques règles pratiques. Vous y gagnerez temps, simplicité, ainsi que la satisfaction du travail bien fait…

STOP !

Avant de vous engager dans les réparations, réfléchissez un instant.

◆ Vérifiez d'abord que vous avez bien sous la main les outils indispensables et le matériel adéquat pour résoudre la panne constatée. Pour ce faire, il vous suffira de vous référer aux informations situées en haut de page des chapitres qui vous concernent.

◆ Prenez le temps de dégager les lieux de votre intervention, en accordant une attention particulière à tout objet fragile ou susceptible de gêner vos mouvements.

◆ Ne passez pas tout de suite à l'action ! Un vrai bricoleur s'attarde toujours un bref moment pour définir sa propre marche à suivre, selon un schéma simple : Symptôme, Diagnostic, Remède et Mise en œuvre.

BRICO'CONSEIL

Parmi les ennemis persistants des canalisations, de la robinetterie et des équipements sanitaires, le plus dangereux se nomme « calcaire ». Dans les régions les plus touchées, il est conseillé d'opérer un traitement périodique, sinon gare à la casse… et bonjour les dégâts !

BRICO'INFO

La pression de l'eau est calculée en bars et se mesure à l'aide d'un nanomètre. Dans le cas d'une distribution d'eau domestique, la pression idéale se situe aux environs de 3 bars. Une pression trop faible, et l'eau peine à atteindre les équipements sanitaires. Une pression trop élevée, et ce sont les canalisations qui peinent à contenir la puissance de l'eau. Ici comme ailleurs, il s'agit de respecter le juste milieu…

POUR RESTER PROPRE...

Les produits actuels sont plus propres, les installations modernes plus faciles d'accès et les matériaux sont étudiés pour les besoins de tous. Mais, tout de même, bricoler, c'est toujours bricoler ! Pas besoin d'avoir les mains pleines de cambouis pour réparer une fuite, mais le cliché du bricoleur aux mains sales n'est pas tout à fait hors de propos... Toutefois, de vieux vêtements – ou mieux : un bleu de travail – ainsi qu'une paire de gants devraient vous éviter les quelques taches pouvant être occasionnées par votre intervention. En cas d'opération plus importante, pensez aussi à recouvrir le sol de papier journal.

LA LISTE DES OUTILS

Les interventions présentées ici requièrent uniquement des outils courants et faciles à manipuler.

Pinces
Marteau
Burin
Tournevis
Mètre-ruban
Niveau à bulle
Clé à molette
(ou clé anglaise)
Ventouse
Furet
Coupe-tube
Perceuse
Truelle
Scie sauteuse
Seau

BRICO'INFO

Sachez que l'on mesure toujours le diamètre d'un tuyau en regard des parois intérieures. C'est le type d'appareil installé en bout de tuyau qui détermine ce diamètre : ce dernier est donc susceptible de varier considérablement d'un équipement à l'autre. Alors, avant de vous présenter en magasin, n'oubliez pas de mesurer précisément le diamètre des tuyaux qui feront l'objet de votre intervention !

TUYAUX ET MATÉRIAUX

Voici quelques brèves notions pour mieux comprendre ces éléments essentiels mais invisibles (et trop souvent oubliés) que sont les tuyaux.

FONTE

Un matériau d'orfèvre, voici l'empereur des canalisations ! Combien de précision il exige lors de sa mise en œuvre, mais combien aussi de précieux avantages : amortissement des vibrations, résistance chimique et mécanique exceptionnelle... Autrefois le préféré des chaumières, il a aujourd'hui perdu son monopole, car il est également lourd et coûteux.

POLYÉTHYLÈNE

Souvent utilisé dans les systèmes d'arrosage, ce matériau résiste bien au gel mais présente une sensibilité à l'eau chaude et au phénomène de dilatation correspondant.

PER

Le polyéthylène réticulé (mieux vaut sans doute l'appeler PER) résiste mieux à la chaleur et convient parfaitement aux installations de plomberie. Il est également très souple et peu sensible aux méfaits du calcaire.

PVC

Le plus populaires des matériaux pour tuyaux ! Son faible coût, sa légèreté et son exceptionnelle résistance à la flamme en font le maître des systèmes d'évacuation.

CUIVRE

Une grande résistance à la corrosion et à la pression le destine principalement aux installations sanitaires. C'est le souverain incontesté des tuyaux d'arrivée d'eau !

LES INCONTOURNABLES

Certaines pièces se retrouvent dans presque tous les équipements sanitaires, quoique sous différentes formes. Elles servent essentiellement à lier les différents tuyaux et à assurer l'étanchéité générale.

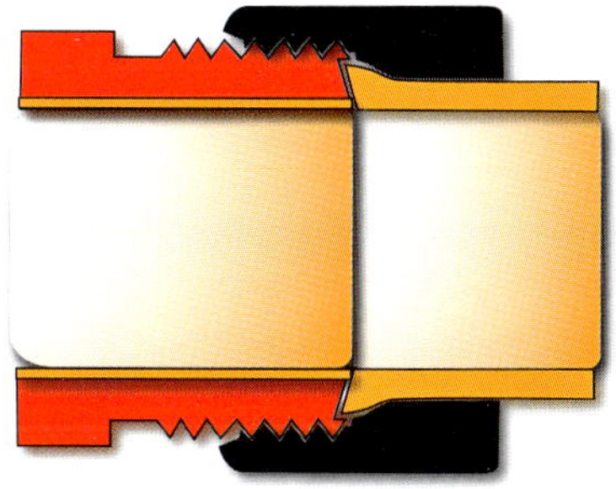

Raccords bicône

Les raccords

Il en existe deux types :

◆ **Raccord bicône**

Ici, c'est la compression d'un collier qui garantit l'étanchéité.

◆ **Raccord instantané**

Dans ce cas, l'étanchéité est assurée par une rondelle métallique.

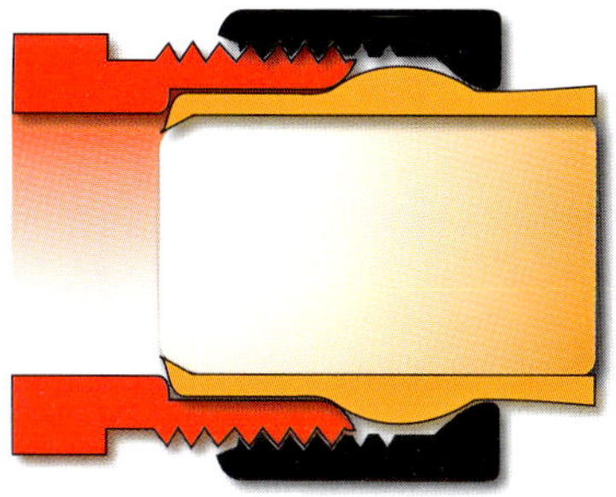

Raccord coudé

Les joints

Ils sont présents partout ! Facteur essentiel d'étanchéité, ils évitent les frictions entre deux éléments durs et amortissent les vibrations fréquentes dans le système de circulation d'eau.

Les flexibles

Ils sont indispensables pour tout raccordement d'évier, de lavabo, et de vasque. Soyez attentifs aux dimensions et aux longueurs.

Réparer

VITE, UNE FUITE !

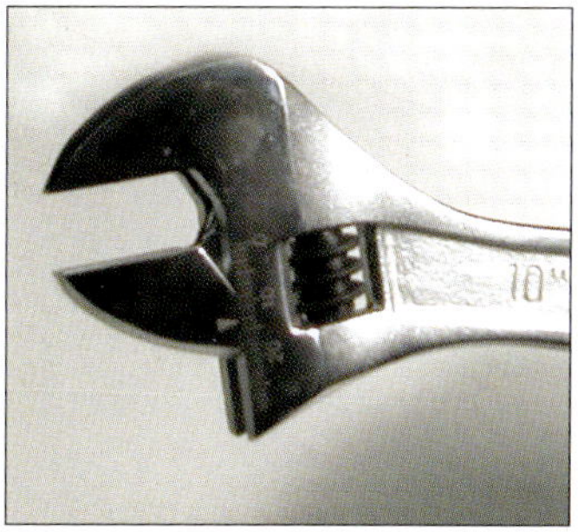

Quand il y a une urgence, il faut savoir réagir rapidement. Pour nos proches comme pour notre habitation, on devrait toujours connaître les premiers soins à appliquer en cas d'incident. Sachez d'abord que même si une toute petite fuite peut parfois paraître anodine, il faut tout de même la prendre au sérieux, sinon : au mieux, vous subirez une augmentation substantielle de votre facture d'eau – parce qu'un robinet qui suinte toute la journée, cela fait beaucoup d'eau perdue sur une année ! – ; au pire, il y aura amplification de la fuite et détérioration du matériel.
C'est pourquoi, en matière de plomberie, tout bon bricoleur sait qu'il n'y a pas de petite fuite, mais seulement de gros dégâts !

UNE FUITE : COMMENT RÉAGIR ?

Etape I : Localisez la fuite

C'est inévitable : avec le temps, petite fuite deviendra grande… Cela commence souvent par un simple suintement : il est donc essentiel de pouvoir repérer le défaut à ce stade. Toutefois, c'est aussi une opération plutôt difficile ! Pour avoir l'esprit tranquille, restez vigilant : vérifiez régulièrement les points faibles de vos installations : robinets, coudes… Certains indices vous permettront de trouver précisément la localisation de la fuite : une tache d'humidité, une accumulation de moisissures…

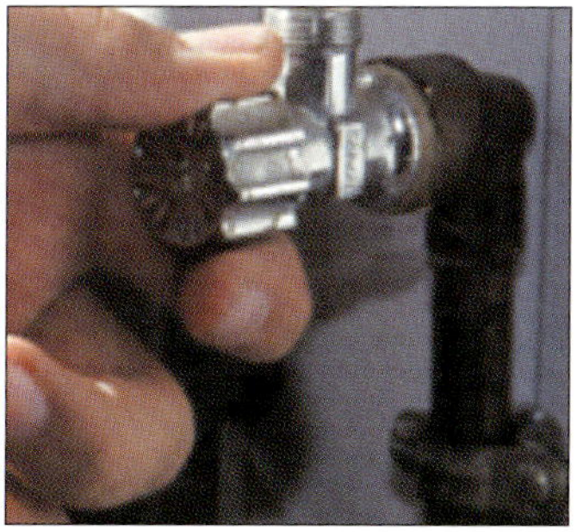

Etape II : Fermez le robinet d'arrêt

Il est impératif de couper l'arrivée d'eau avant d'entreprendre toute intervention. Il s'agit d'abord de stopper la fuite, puis d'éviter une catastrophe suite à une fausse manœuvre !

Réparer

BRICO'CONSEIL

Le robinet d'arrêt principal est le point névralgique de tout le circuit d'eau : tous les occupants de votre habitation devraient connaître son emplacement et son utilité. Ainsi, en cas de besoin, l'essentiel peut être fait sans délai.

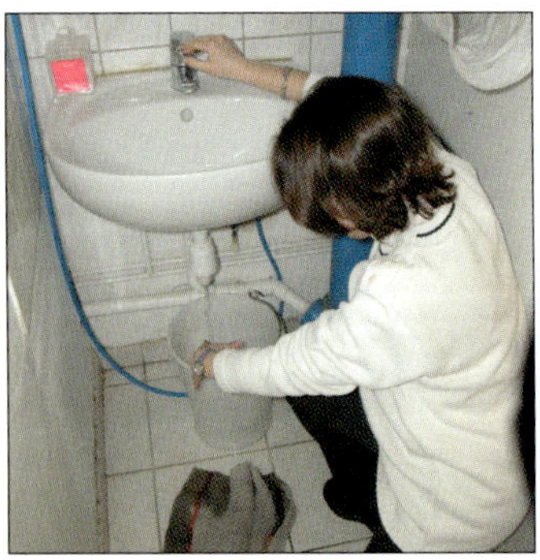

Etape III : Déterminez la cause

Qu'est-ce qui peut provoquer une fuite ?

◆ Si vous avez localisé la fuite sur un tuyau, la cause en est sans doute un trou provoqué par la corrosion. Il s'agit d'un problème complexe et plutôt rare qui exige l'aide d'un spécialiste.

◆ Si la fuite se produit au niveau d'un robinet, jetez un coup d'œil au joint de clapet : cette pièce est facile à repérer et c'est souvent là que vous trouverez l'origine du problème.

◆ Les fuites qui se produisent au niveau d'un raccord sont les plus fréquentes. Habituellement, elles sont provoquées par l'usure des manchons ou collets utilisés pour relier les tuyaux au raccord ou bien, plus rarement, par un défaut de soudure.

Etape IV : Réparez

Voici quelques trucs simples pour effectuer vous-mêmes les réparations les plus usuelles…

RÉPARER ET... CONNAÎTRE LES PREMIERS SOINS

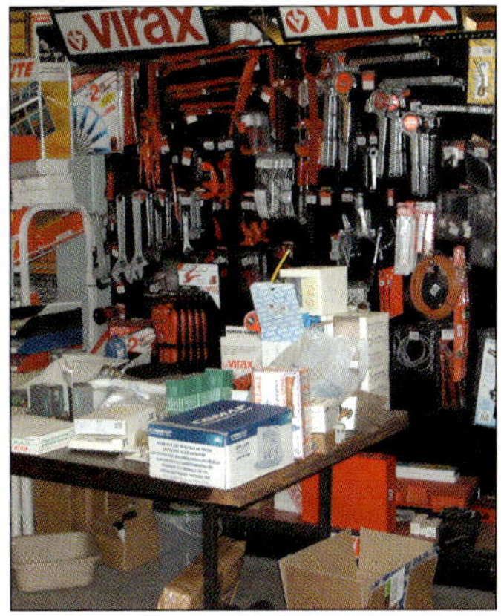

La trousse d'urgence : Ruban adhésif simple Ruban adhésif polymérisable Ruban en PTFE Pâte d'étanchéité Mastic époxy

Lorsque la fuite est légère ou quand il s'agit d'éviter le pire en attendant de remplacer l'installation, munissez-vous de votre trousse d'urgence spéciale « Plomberie ». A l'intérieur, vous trouverez les produits les plus efficaces pour colmater une brèche et remédier à la plupart des problèmes de fuite. Parmi ces produits, certains sont tout à fait nouveaux et faciles à utiliser ; d'autres ont fait leur preuve et figurent depuis des lustres dans la trousse du parfait bricoleur. Leur caractéristique essentielle est de résister à la pression de l'eau, sinon de façon durable, du moins pendant le temps qu'il faudra pour réparer le matériel défectueux.

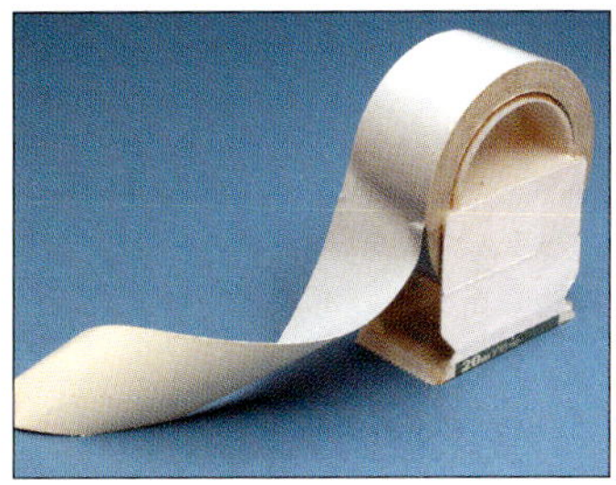

Les rubans :

Ils enrayent les fuites en enveloppant solidement la zone de la brèche. C'est la solution la plus simple pour parer au plus pressé !

Le ruban adhésif simple s'enroule sur une surface bien sèche. Si tel n'est pas le cas, mettez à contribution le bon vieux sèche-cheveux. 3 à 4 couches seront nécessaires pour un résultat optimal.

◆ Le ruban adhésif polymérisable comporte deux rubans superposés. 1 seule couche suffira si vous le serrez correctement.

◆ Le ruban en PTFE est destiné à colmater les fuites qui se produisent dans un raccord fileté. Finis la filasse difficile à manipuler et la pâte à joint salissante ! Ce ruban

BRICO'CONSEIL

Attention ! Ces solutions sont conçues pour remédier aux cas de panne les plus bénins : il ne peut s'agir que d'un traitement temporaire. Pour une action durable et sécuritaire, reportez-vous aux pages suivantes...

ultra-performant en Téflon est très simple à installer et donne des résultats étonnants.

Les pâtes :

Polyvalentes, elles sont utiles pour toutes les fissures et toutes les surfaces. Parlez-en aux bricoleurs : ils s'en servent tout le temps !

◆ La pâte d'étanchéité : lavabo, siphon, cuvette de WC... toutes fuites, toutes fissures ont trouvé leur remède.

◆ Le mastic epoxy : délicatement plaqué avec les doigts sur la zone à traiter, il durcit rapidement une fois en place. Sa bonne résistance aux hautes températures en fait le composant idéal pour les petits soucis de canalisations d'eau chaude !

RÉPARER… UN MITIGEUR, UN MÉLANGEUR ET UN ROBINET D'ARRÊT

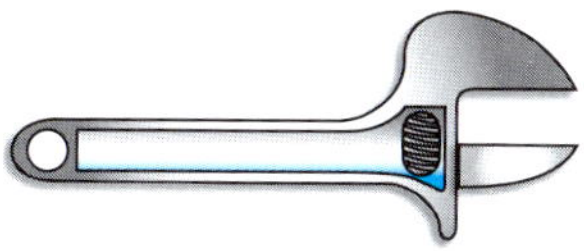

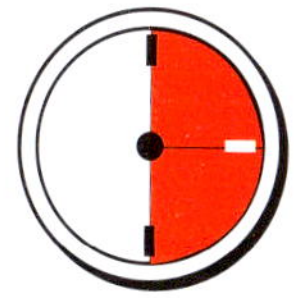

Matériel : Cartouche ou joint d'étanchéité

Plic ! Plic ! Quand l'évier devient une caisse de résonnance, tous les occupants découvrent avec agacement la version moderne du supplice de la goutte…

La plupart du temps, cette fuite – des plus courantes – est due à une cartouche défectueuse ou à un joint d'étanchéité trop usé. Il suffit alors de remplacer la pièce en cause. Vous croyez cette intervention fastidieuse et difficile ? Détrompez-vous : il n'y a rien de plus facile !

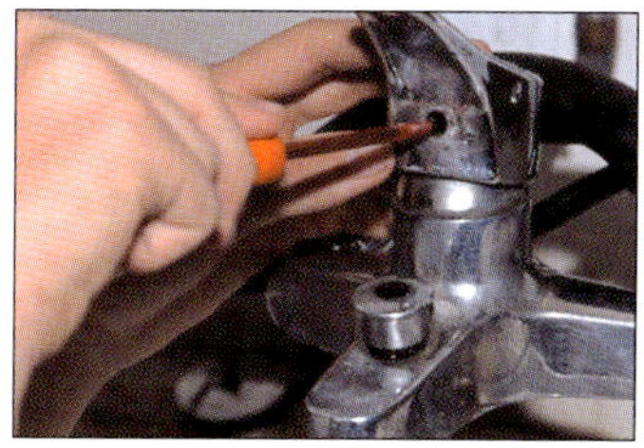

<u>Etape 1 : Démontez partiellement le robinet.</u>

◆ Pour un Mitigeur : Soulevez la manette et retirez la vis ainsi découverte.

◆ Pour un Mélangeur : Retirez le capuchon recouvrant la vis sur chacune des deux poignées. Retirez la vis, puis desserrez l'écrou situé à la base du col-de-cygne

.

<u>Etape 2 : Changez la pièce défectueuse.</u>

<u>Etape 3 : Remontez le robinet en effectuant les opérations ci-dessus de manière inversée.</u>

BRICO'CONSEIL :

Une fois l'intervention réussie, assurez-vous toujours que le joint est bien en place avant de remonter le robinet !

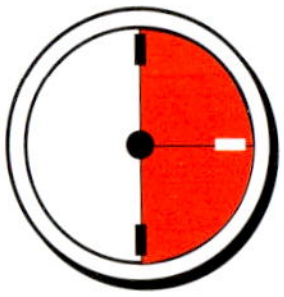

RÉPARER… UNE CHASSE D'EAU

Matériel :
Mastic

Mais quel est ce léger glougloutement qui provient des WC ? La question mérite d'être posée – et rapidement résolue –, surtout quand on sait que ce type de fuite est l'une des plus importantes sources de gaspillage d'eau potable !

Comment ça fonctionne ?

Lorsque l'on actionne la chasse d'eau, un mécanisme soulève une sorte de bouchon (appelé la « cloche ») situé au fond du réservoir, permettant ainsi à l'eau propre de chasser l'eau usée. Pendant que la cuvette se remplit et que le réservoir se vide, un flotteur installé à l'intérieur du réservoir s'abaisse avec le niveau d'eau, entraînant l'ouverture du robinet d'alimentation : ainsi, le réservoir peut se remplir à nouveau.
Mais quand un seul des éléments de cette chaîne décide de n'en faire qu'à sa tête, c'est tout le mécanisme qui s'enraye…

Cherchez la panne !

Symptômes et diagnostics :

◆ Si l'eau s'écoule par le trop-plein, c'est peut-être… le flotteur qui est mal réglé.
Dans ce cas, il suffit simplement de le tordre un peu.

◆ Le flotteur ne remonte pas en entier.
Il est peut-être percé : il faut le remplacer.

◆ Si l'eau s'écoule par le clapet de fond, c'est peut-être…un problème d'entartrage.
Pour détartrer le réservoir, videz-le, ajoutez 20 cl de liquide à détartrer, laissez agir pendant au moins une heure, puis frottez à la base du mécanisme de chasse, au niveau du trou.

BRICO-CONSEIL

Vérifiez régulièrement l'état de votre WC. Une fuite importante ne se déclenche pas toute seule : elle est invariablement précédée de signes avant-coureur, comme de légers bruits, un suintement ou des taches d'humidité.

Le clapet qui est usé.
C'est le moment de le remplacer.
◆ Si la cuvette l'eau du réservoir s'écoule continuellement dans la cuvette, c'est sans doute…
une fuite située entre ces deux éléments principaux du WC.
Un peu de mastic réglera le problème.

Dans les autres cas, il faudra songer à remplacer le mécanisme de chasse ou le WC (voir les sections correspondantes dans cet ouvrage).

BRICO'CONSEIL

Les produits chimiques déboucheurs sont très toxiques et corrosifs : gare à la peau découverte et aux yeux si sensibles ! Et surtout, veillez bien à éloigner les enfants du contenant en tout temps. Soyez également très attentif aux risques de projection ; en particulier, évitez absolument d'utiliser la ventouse après un traitement chimique inopérant.

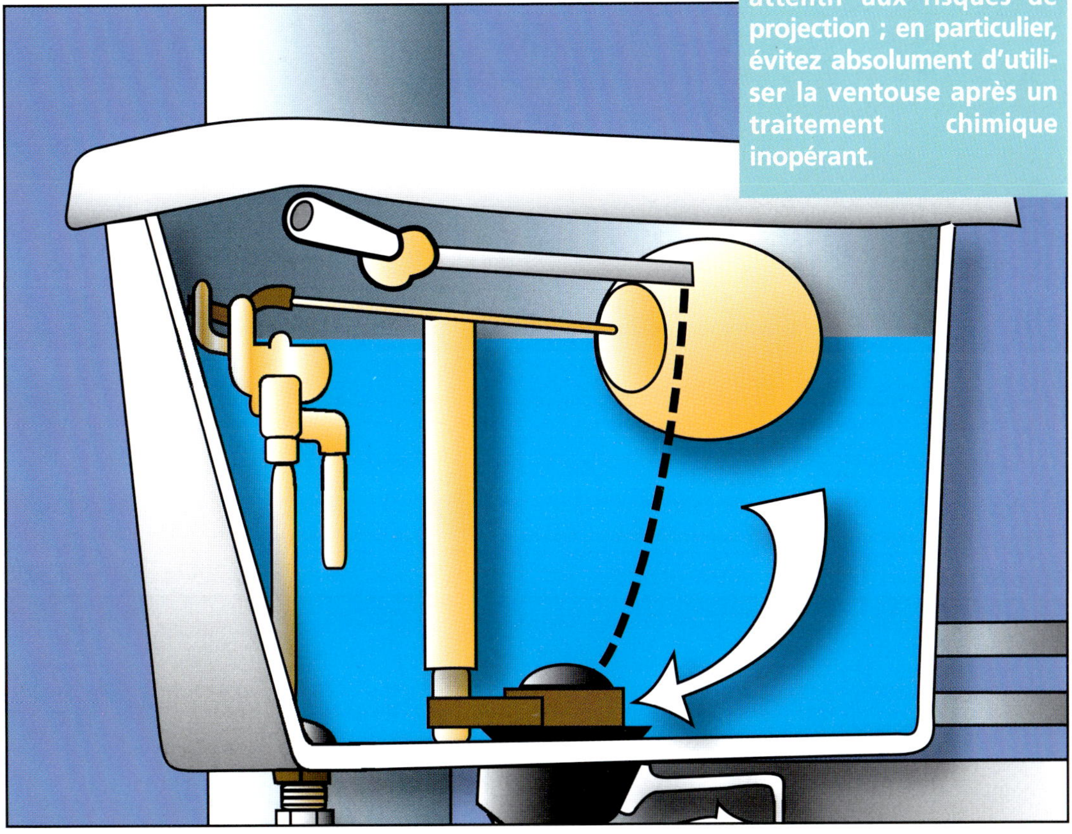

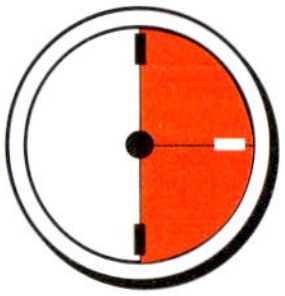

DÉBOUCHER... LES CANALISATIONS D'ÉVACUATION

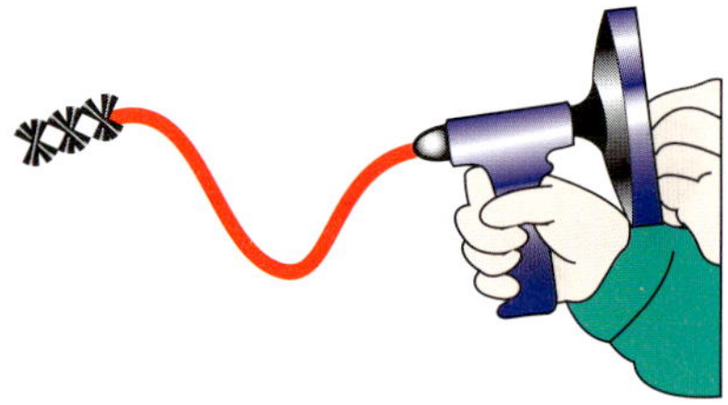

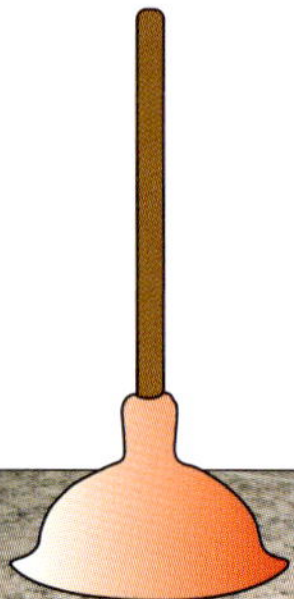

Matériel
Produit-déboucheur chimique

Qui ne connaît pas le fameux bouchon de canalisation ? Situation inconfortable s'il en est, elle fait pourtant partie des interventions les plus aisées à effectuer soi-même. Pour ce faire, il existe deux grands moyens : l'action chimique pour les bouchons les plus courants et l'action mécanique pour les cas les plus récalcitrants.

Solution 1 :

<u>Le produit-déboucheur</u>

Lorsque le bouchon n'est pas trop solide et qu'il est situé à proximité de l'ouverture, c'est l'action chimique qui est la plus simple. Toutefois, elle comporte certains inconvénients à court et moyen termes : ses effet sont limités, elle contribue fortement à la dégradation des canalisations, elle provoque des effets non négligeables sur l'environnement.

<u>Etape 1 :</u>

Assurez-vous que le bouchon n'est pas trop éloigné : un simple fil de fer enfilé par le trou d'évacuation vous permettra de constater la situation du bouchon. Au-delà d'un mètre, l'action chimique n'a aucun effet : passez donc tout de suite à la solution 2 !

Etape 2 :
Remplacez l'eau stagnante par de l'eau bouillante pour une meilleure efficacité. Patientez de 15 à 20 minutes.
Etape 3 :
Si le produit fait effet, passez à l'étape suivante. Sinon, attendez encore 10 minutes avant de recommencer.
Etape 4 :
Une fois l'appareil débouché, faites couler de l'eau froide en abondance pour bien rincer les canalisations.

Solution 2 :
La ventouse
Avec la ventouse à l'ancienne, c'est de la bonne vieille huile de bras dont vous aurez besoin ! Mais aujourd'hui, il existe de nouveaux appareils pneumatiques ou à pression plus efficaces et exigeant moins d'effort.

Etape 1 :
Appliquez la ventouse sur le trou d'évacuation et poussez un bon coup (pour les ventouses modernes, suivez les instructions spécifiques). N'oubliez pas de boucher le trop-plein !

Solution 3 :
Démonter le siphon
Si la ventouse demeure inefficace, c'est peut-être que le siphon est bouché. Il suffira de le démonter : facile d'accès, il se trouve souvent au-dessous d'un équipement moderne.

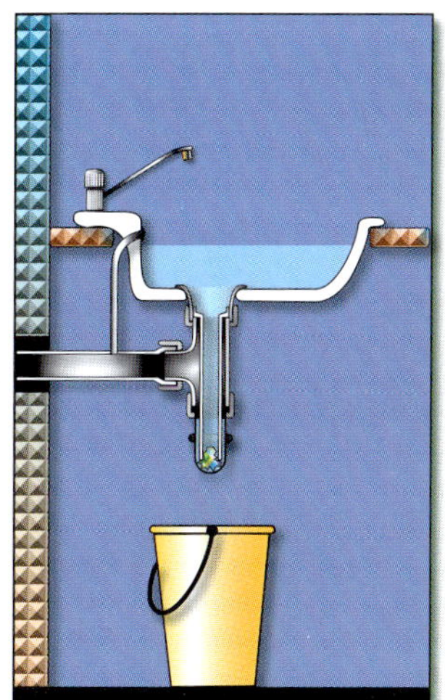

Etape 1 :
Avant tout, prenez bien soin de vous munir d'un récipient pour recevoir l'eau qui chutera des tuyaux ! En général, il suffit ensuite de dévisser le bouchon de dégorgement ou, à défaut, le siphon lui-même. Aidez-vous d'une pince.
Etape 2 :
Laissez l'eau s'écouler, ôtez les débris et nettoyez le siphon. Remontez-le en exécutant à l'inverse les manipulations indiquées ci-dessus.

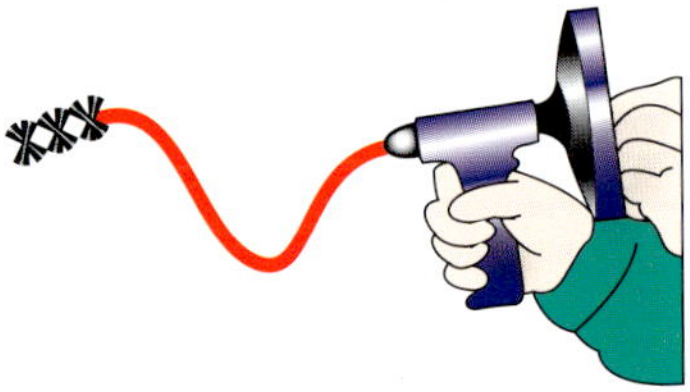

Solution 4 :

Le furet

Si le bouchon est toujours rebelle, optez pour les grands moyens : le furet. Cette petite bête de métal et de poils en plastique peut agir sur un bouchon solide à une distance de plusieurs mètres.

Etape 1 :

Insérez la brosse rotative dans la canalisation par le trou d'évacuation, jusqu'à ce qu'un obstacle se présente. Insistez un peu : il peut s'agir d'un simple coude.

Etape 2 :

Saisissez la manivelle et tournez-la vigoureusement afin de percer le bouchon.

Etape 3 :

Ramenez les débris vers vous. Faites bien attention à ne pas les repousser plus loin !

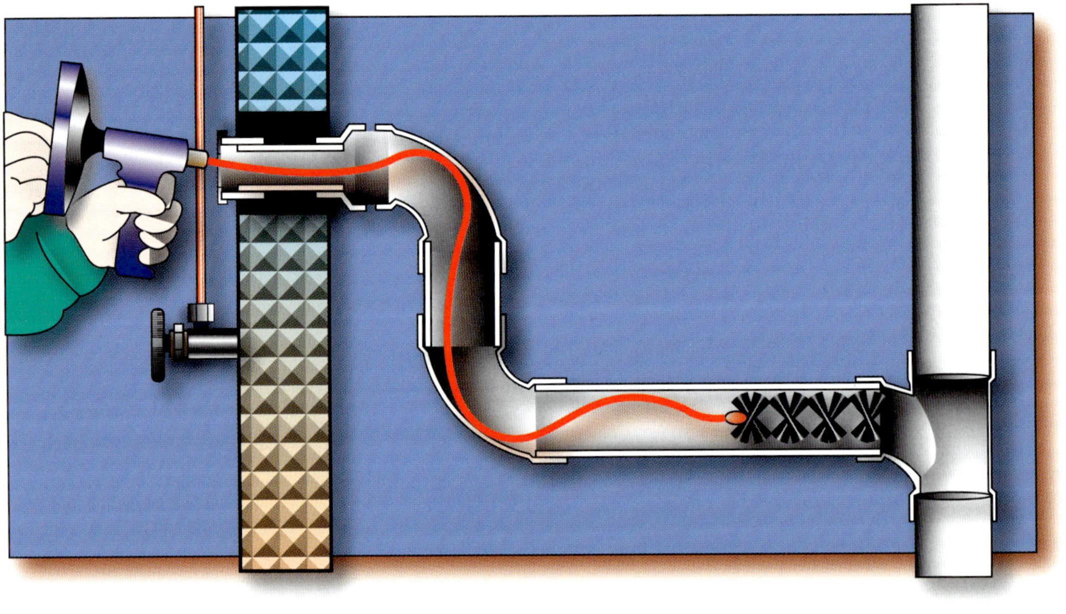

Remplacer

« Un vrai bricoleur sait éviter le bricolage »

Une fois les symptômes reconnus et le diagnostic posé, il faut parfois se rendre à l'évidence : l'équipement en cause réclame un petit coup de jeune. Contrairement aux apparences, changer tout ou partie d'un équipement sanitaire ne représente pas une opération tellement plus complexe qu'une petite réparation. Il faut sans doute un peu plus de temps et de persévérance, mais les résultats sont souvent plus que probants, à la fois pour votre confort et pour l'état de votre porte-monnaie...
Alors, ne laissez pas les réparations temporaires s'éterniser : en vrai bricoleur, évitez le bricolage !

REMPLACER... UN ROBINET

Le robinet mitigeur ou mélangeur

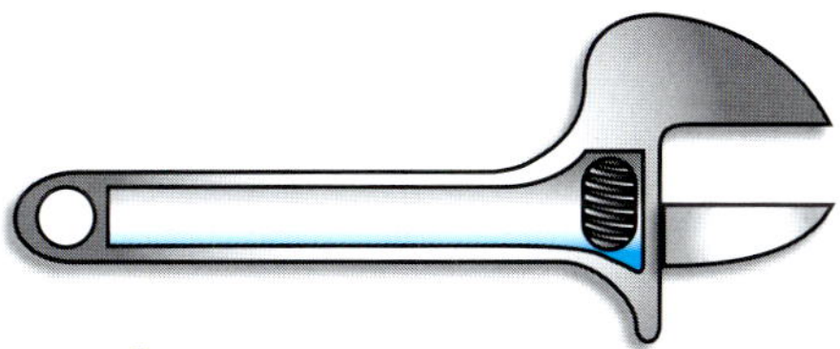

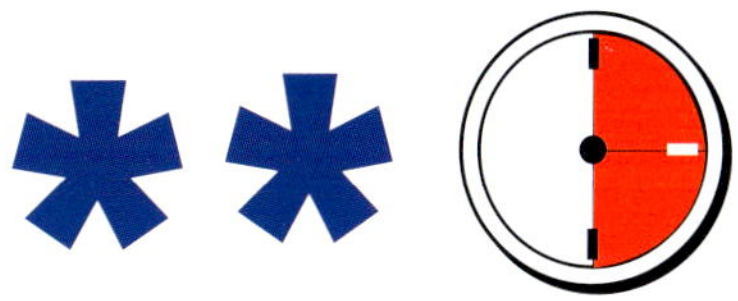

Matériel :
Robinet neuf

Si, après réparation, le robinet dont vous avez pris soin se met de nouveau – et avec quelle ingratitude ! – à laisser filtrer une goutte après l'autre, il est temps de songer à le remplacer. En réalité, cette intervention n'est pas beaucoup plus compliquée qu'une simple réparation : vous savez déjà comment démonter partiellement un robinet mitigeur ou mélangeur (voir la section « Réparer »), il ne vous reste plus qu'à l'ôter entièrement afin de le remplacer.

*

BRICO'CONSEIL :

Après avoir enlevé l'ancien robinet, profitez-en pour nettoyer les conduites attenantes. Avant de poser le nouvel élément, vérifiez bien l'étanchéité de l'ensemble... si vous ne tenez pas à tout recommencer !

BRICO'CONSEIL

Dans le cas où vous devriez remplacer un robinet d'extérieur, profitez de l'occasion pour vérifier que celui-ci, ainsi que le tuyau auquel il est relié, sont tous deux bien isolés du froid. Sinon, appliquez un produit de calfeutrage sur les côtés extérieur et intérieur du mur.

Le robinet d'arrêt intérieur ou extérieur

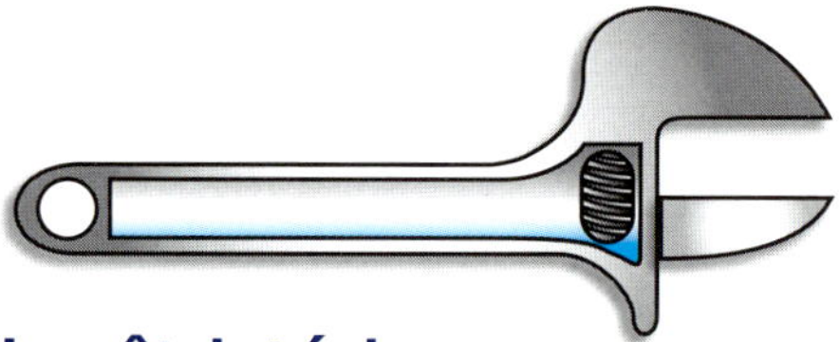

Matériel
Robinet d'arrêt intérieur ou spécial extérieur
Produit de calfeutrage

Si vous possédez une maison individuelle, vous connaissez les joies du gazon ou du jardin à arroser l'été, ainsi que celles de la voiture à laver après un court et pluvieux périple à la campagne. Tout cela serait évidemment impensable sans un robinet d'extérieur en bon état de marche et des canalisations bien protégées des froids hivernaux.

Par ailleurs, quel que soit votre lieu d'habitation, vous risquez un jour d'être confronté à la défaillance d'un robinet d'arrêt intérieur. Il est vrai que ce type de robinet, moins sollicité au quotidien, est en conséquence moins sujet aux pannes. Toutefois, il est bon de savoir gérer une telle situation : en effet, impossible alors de couper l'alimentation à proximité de la fuite, puisque c'est ce même robinet d'arrêt qu'il faut changer ! La première chose à faire sera donc de couper l'alimentation en eau dans toute l'habitation. Suivez ensuite les étapes indiquées et, surtout, n'oubliez pas de vérifier le bon emplacement du joint avant de poser définitivement le nouveau robinet.

REMPLACER... UNE CHASSE D'EAU

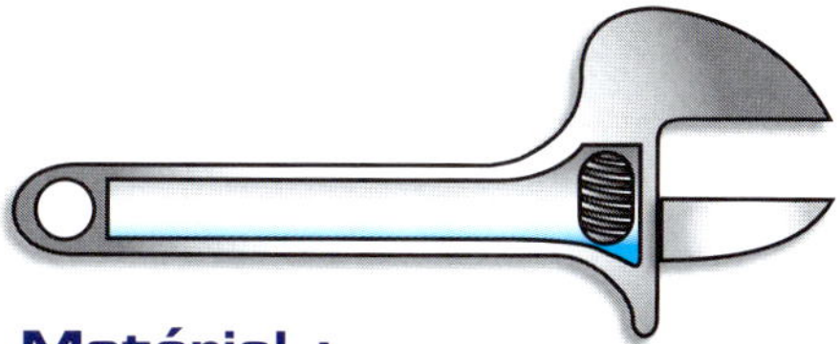
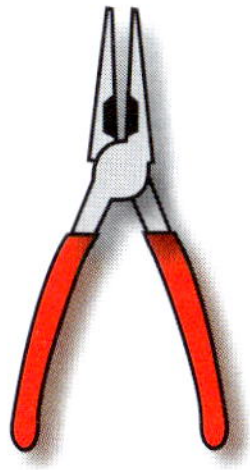
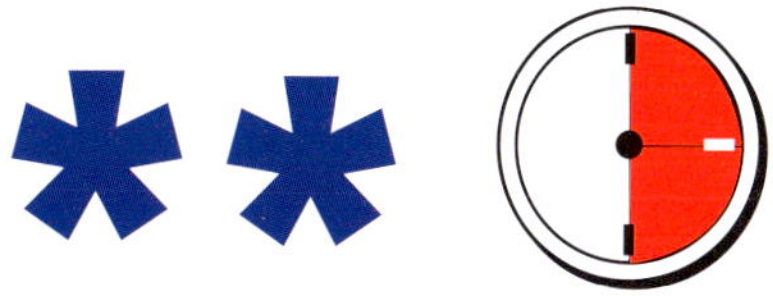

Matériel :
Mécanisme de chasse

Une fuite importante et persistante fait « chanter » votre WC – et pas nécessairement selon les tonalités chères à vos goûts musicaux ? Une seule explication : le mécanisme de chasse est fatigué. En effet, un tel incident n'est pas rare : n'oublions pas que vous utilisez ce mécanisme plusieurs fois par jour sans même vous en rendre compte, son action étant soigneusement camouflée par le réservoir !
Pendant que vous y êtes, avez-vous déjà envisagé d'installer un système d'économie d'eau sur votre WC ? Il en existe plusieurs sur le marché, dont certains, peu coûteux, peuvent vous faire économiser plusieurs centaines de litres par année !

BRICO'CONSEIL

Avant de vous présenter au rayon « plomberie » de votre magasin pour vous procurer un nouveau mécanisme de chasse d'eau, pensez à vérifier les diamètres respectifs des trous de couvercle et d'évacuation du réservoir (60 mm en moyenne).

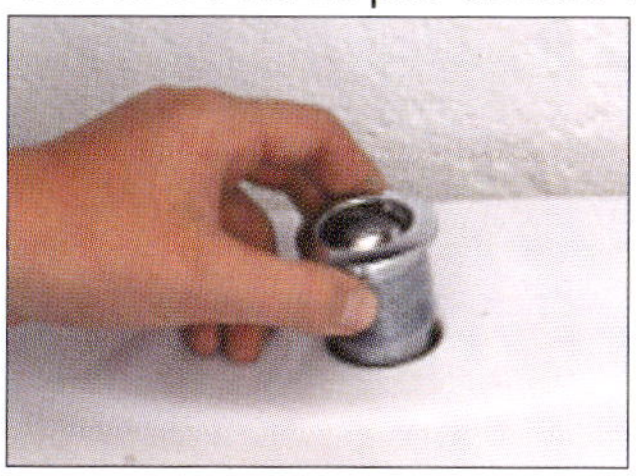

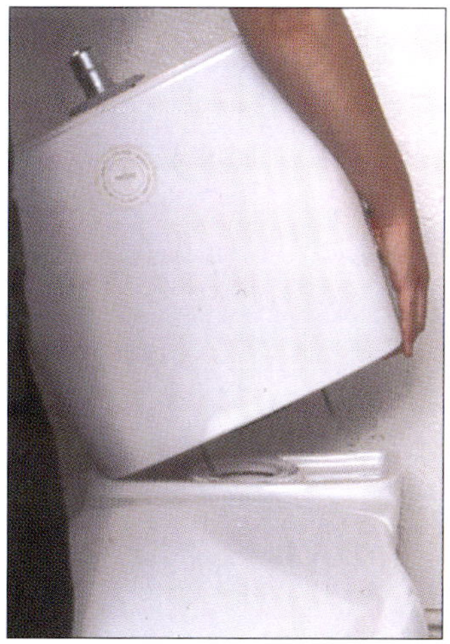

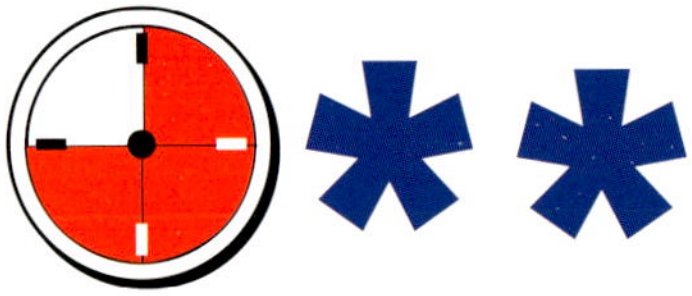

REMPLACER... UNE CUVETTE WC

BRICO'CONSEIL :
Inutile de serrer trop fortement les vis de fixation : vous risqueriez de fendre le bloc cuvette !

Un réservoir fendu, une cuvette fissurée ? Cela pourrait vous arriver ! Vos WC accusent aujourd'hui leur âge en révélant des cernes au fond de la cuvette ou des traces de rouille près des points de transition de l'eau ?

Prévenez les fuites et les dégâts : installez un nouveau WC. Pour certains, ce sera peut-être l'occasion de revoir l'esthétique de la salle de toilette !

Matériel :
Une cuvette
Une lunette
Un réservoir de chasse
Un mécanisme de chasse
Pipe de raccordement
Robinet d'alimentation
Chevilles et vis

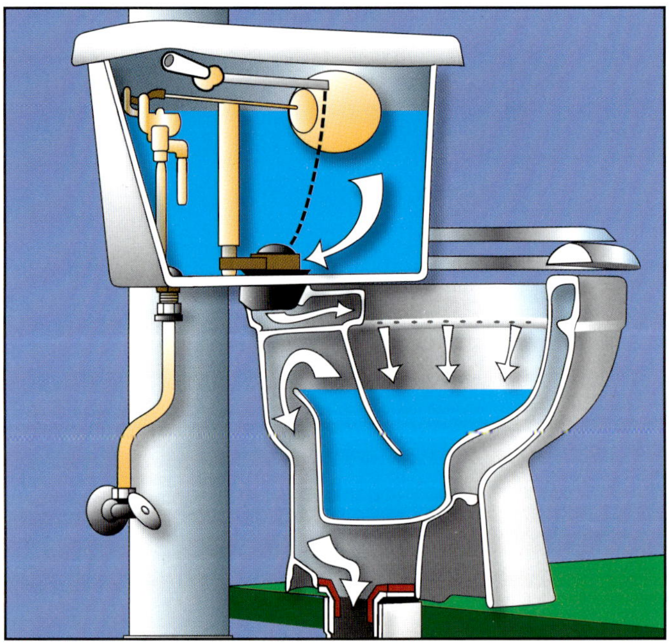

REMPLACER... UN SIPHON

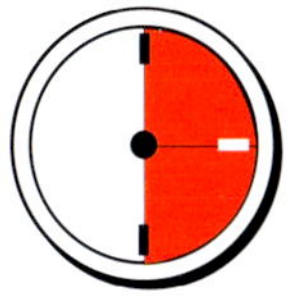

Matériel :
Joints en silicone
Un siphon en PVC
Une bonde (facultatif)

Face à un siphon bien encrassé ou détérioré, ne vous acharnez pas : son remplacement est des plus faciles et se révélera peu coûteux. Avant de prendre votre décision, regardez un instant au fond de l'évier : la bonde est-elle rouillée ? Si tel est le cas, changez-la en même temps : il existe des kits siphon/bonde très pratiques dans tous les magasins.
Au risque de nous répéter, soulignons qu'il est indispensable de toujours bien nettoyer les conduites attenantes au siphon avant la pose : ainsi, elles dureront plus longtemps et ne risquent pas de déposer à nouveau des débris gênants à l'intérieur du siphon.

BRICO'CONSEIL :

Inutile de serrer trop fortement les bagues du siphon : vous risqueriez de ne plus pouvoir les enlever pour un débouchage rapide lorsque la situation l'exigera !

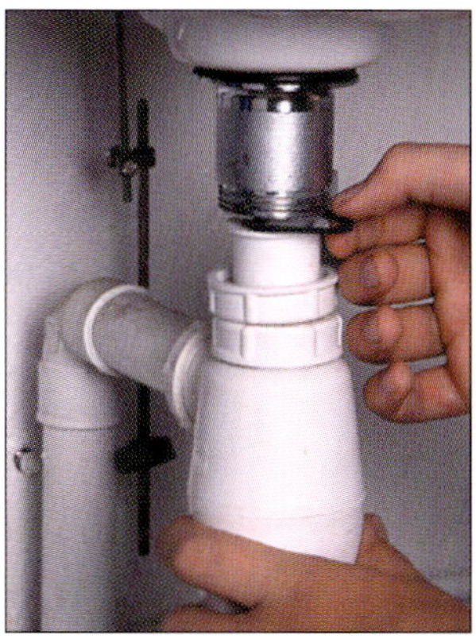

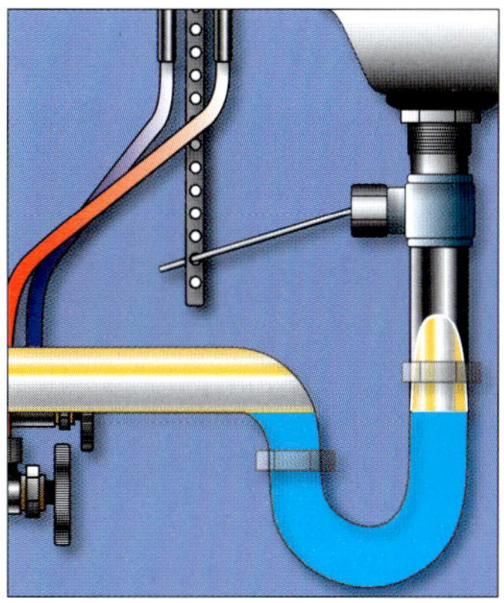

Installer

Connaissez-vous les bons tuyaux ?
Vous souhaitez transformer le style de votre cuisine ou de votre salle de bain ? Ou peut-être songez-vous à apporter quelques améliorations aux installations existantes : plus d'espace pour trancher les légumes, plus de surface pour étaler les flacons divers ?
Votre vieil évier en inox est aujourd'hui tout rayé ? Ou bien peut-être venez-vous de vous procurer une nouvelle machine à laver, plus volumineuse, ou un lave-vaisselle, tellement pratique…
Quels que soient vos projets, une nouvelle installation, c'est toujours un investissement – en temps ou en argent (et parfois les deux !). Pour faciliter les choses et – qui sait ? – vous découvrir de nouveaux talents, fiez-vous aux conseils simples qui suivent…

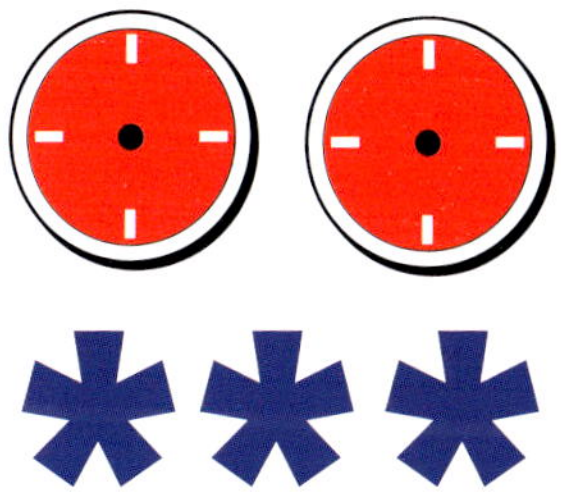

INSTALLER… UN ÉVIER-LAVABO

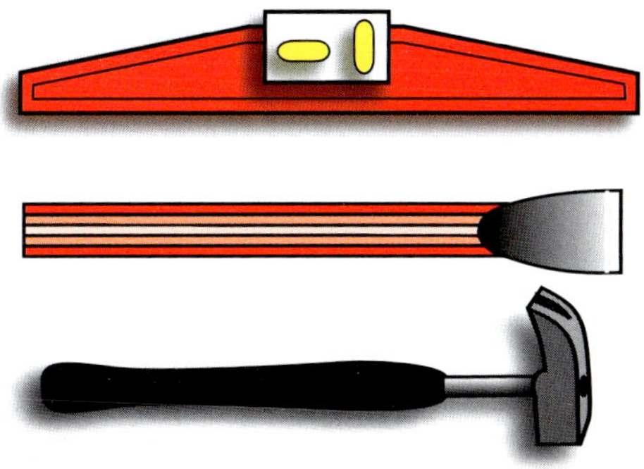

Matériel
Un lavabo ou un évier
Flexibles de raccordement
Vis, chevilles, goujons

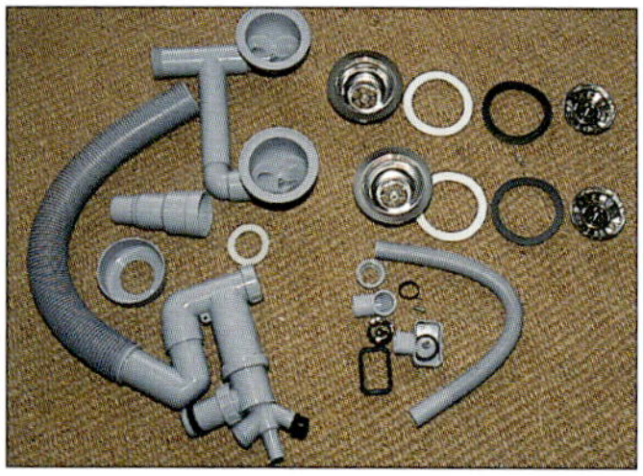

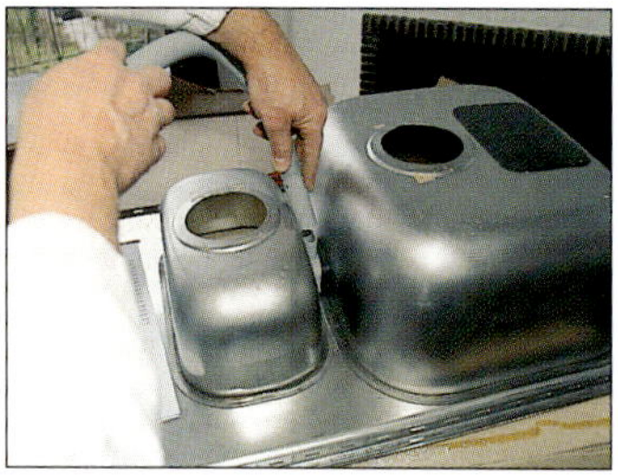

Vous jugez votre évier/lavabo trop usé ou dépourvu de charme... Ou peut-être avez-vous constaté une fissure irréparable...

Ne vous découragez pas : suivez simplement les étapes indiquées et vous aurez toutes les chances de réussir facilement ce que vous preniez auparavant pour un véritable tour de force !

Avant tout, observez votre comptoir actuel : est-il conçu pour accueillir le lavabo que vous avez choisi (même taille, même forme...) ? Si tel n'est pas le cas, consultez le chapitre « plan de travail » situé plus loin dans cet ouvrage.

Bien entendu, s'il s'agit d'une salle de bain sans comptoir, la question ne se pose pas ! Vous avez alors le choix entre deux options : la pose d'un nouveau lavabo sur colonne ou une vraie transformation de l'espace grâce à l'installation d'un comptoir.

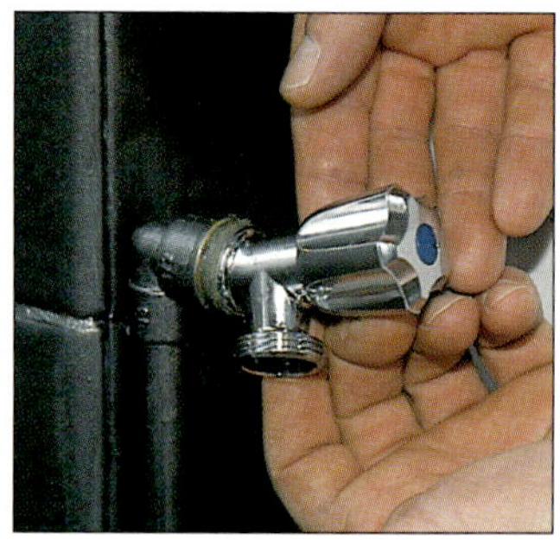

LE CHOIX D'UN MATÉRIAU

La fonte :
Robuste, ce matériau conserve très bien la chaleur. Il présente toutefois quelques inconvénient « de taille » : il est lourd et exige des fixations (et des murs) très solides.
L'acier :
Facile d'entretien, il est plus léger et s'avère le plus économique des matériaux. En revanche, il offre une piètre conservation de la chaleur et se révèle, à la longue, plutôt sonore.
La porcelaine :
Chic et luxe, elle est également très résistante (contrairement à ce que sa réputation de délicatesse pourrait laisser croire). Comme la fonte, la porcelaine est plutôt lourde ; elle est de plus relativement chère à l'achat.
Le grès : Elégant et robuste, il permet aussi un bon maintien de la chaleur.
L'acrylique :
Moderne et très malléable, il permet des variétés infinies de formes et de couleurs, en plus d'offrir un excellent maintien de la chaleur ainsi que plusieurs avantages importants, tels la légèreté et une relative insonorité. Son seul défaut, peut-être : une certaine sensibilité aux solvants.
L'inox :
C'est un matériau des plus courants dans les maisons et appartements aménagés à une époque récente. Difficile d'entretien (l'inox est connu pour rayer facilement), très sonore, il ne permet qu'une conservation de la chaleur très quelconque. Pourtant, il présente également certains avantages : la légèreté, la solidité et une bonne résistance aux solvants.

BRICO'CONSEIL

Il existe des kits de raccordement complets : n'hésitez pas à opter pour l'un d'eux. Plus simples à installer et tout aussi efficaces, ils ont la faveur des bricoleurs en herbe !

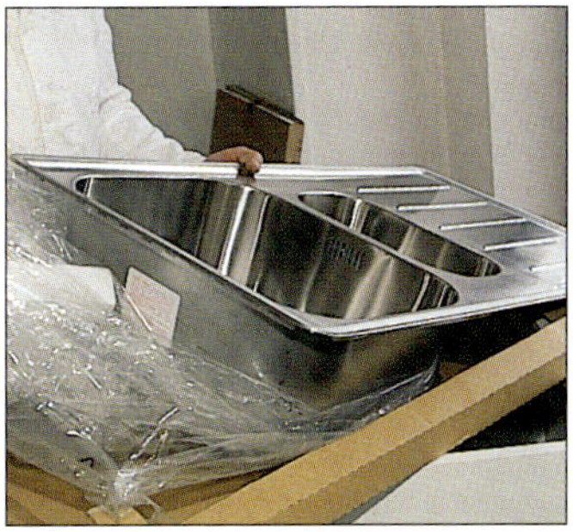

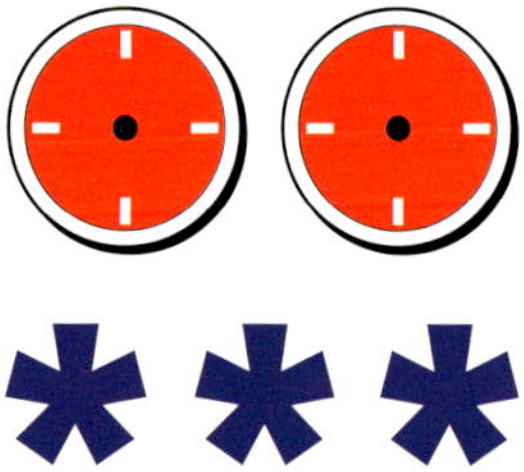

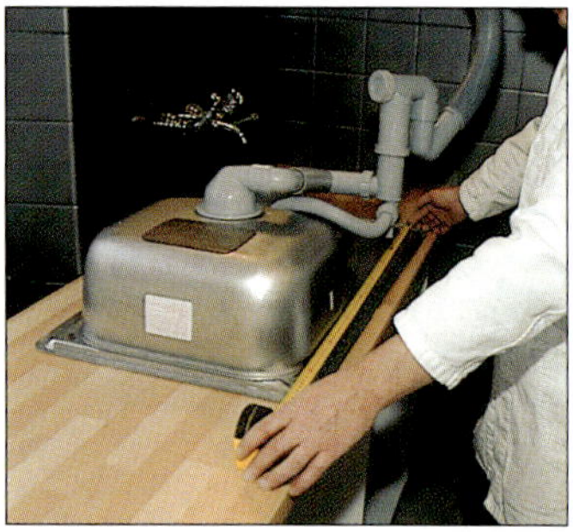

LE COMPTOIR OU PLAN DE TRAVAIL »

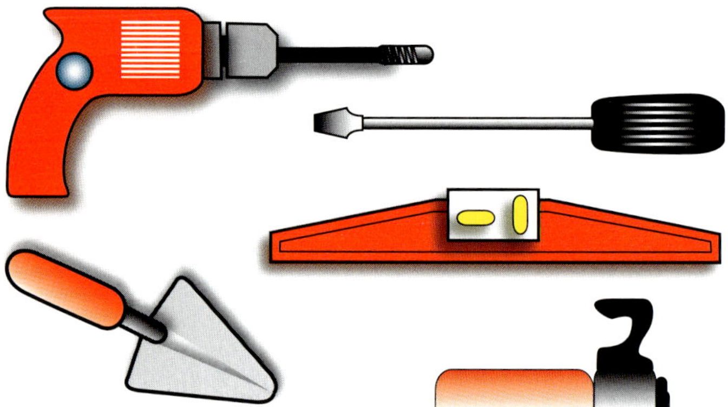

Matériel :
Planche de contreplaqué
Carrelage
Tasseaux de bois
Joint en silicone
Mastic
Vis
Chevilles

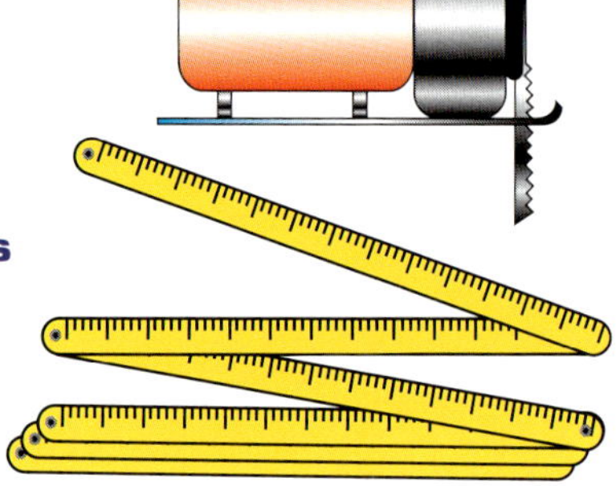

Votre salle de bain moderne est munie d'un lavabo sur colonne ? Peut-être en ressentez-vous parfois un certain inconfort : en effet, où donc trouver l'espace nécessaire pour disposer tous ces menus objets dont vous faites un usage quotidien ? Cette situation est d'autant plus désagréable lorsque, par ailleurs, vous diposez d'une salle de bain de surface convenable.

De même, êtes-vous de ceux qui ont pris l'habitude de découper la viande en tenant les coudes serrés le long du corps, de peur de renverser un élément important déposé sur le minuscule comptoir ? Vous arrive-t-il parfois de ne plus savoir où mettre un plat, ou pire, de faire tomber les carottes fraîchement coupées ?

Alors, sans doute, un plan de travail plus grand ne serait pas de refus !

Selon vos besoins et votre niveau de motivation, vous pouvez ainsi envisager l'installation d'un plan de travail destiné à accueillir un évier/lavabo dans la salle de bain, dans la cuisine ou bien, pourquoi pas, à la cave, si vous souhaitez par exemple y aménager un salon, disposer d'un coin bureau ou élaborer un espace pour vous consacrer à votre nouvelle passion : le bricolage !

Cette intervention, bien que relativement élaborée, demeure pourtant d'une simplicité déconcertante. Si, grâce à la collection pour novices, vous avez pris goût aux pinces et aux tournevis, n'hésitez pas à tenter le coup !

Si, grâce à la collection destinée aux novices, vous avez pris goût aux pinces et aux tournevis, n'hésitez pas à tenter le coup !

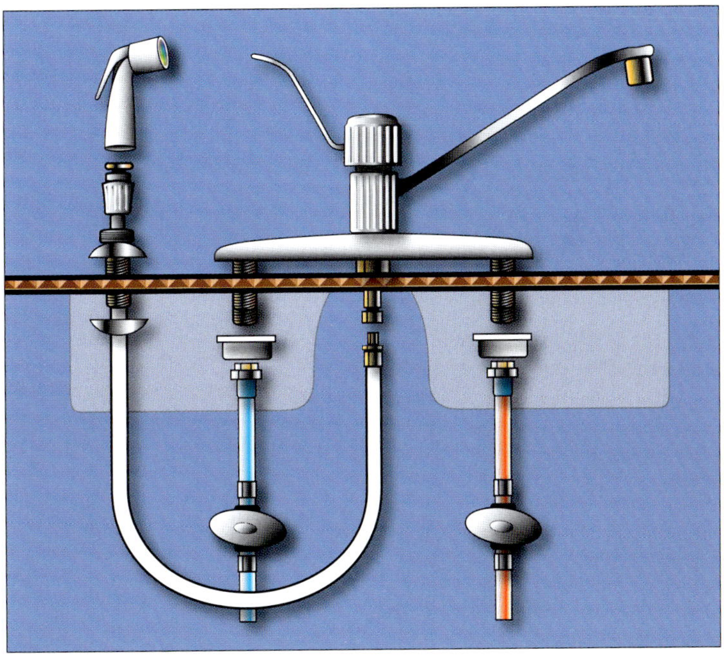

INSTALLER...
UN LAVE-LINGE OU UN LAVE-VAISSELLE

SÉCURITÉ

Veillez à ce que les prises électriques soient étanches et raccordées à la terre.

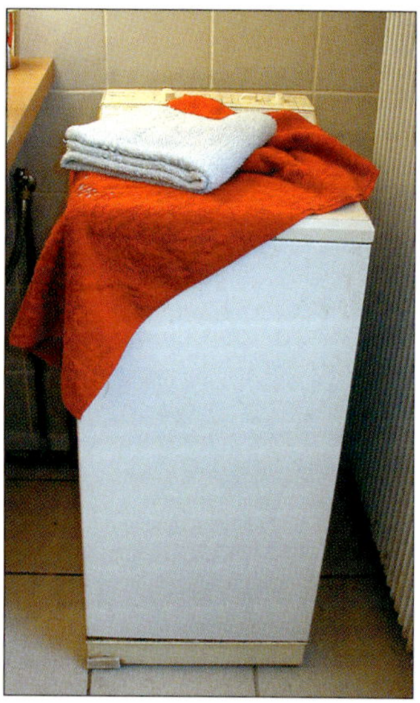

Matériel :
Aucun

Après mûre réflexion, vous avez décidé de passer à l'action : aujourd'hui, vous avez fait l'acquisition d'un nouveau lave-linge ou d'un lave-vaisselle dernier cri. Enfin, tout sera plus facile à la maison ! Seul petit problème : vous n'avez aucune idée de la manière dont on installe ce type d'équipement ménager... Rassurez-vous : il n'y a rien de plus simple ! Seulement, quand on est novice, on ne connaît pas nécessairement... les bons tuyaux.

Vérifiez d'abord que la pièce dans laquelle vous souhaitez installer votre nouvel équipement est bien pourvue d'une arrivée d'eau et d'une conduite d'évacuation facilement accessibles. Il suffit alors de disposer ledit équipement à proximité, puis d'effectuer les raccordements. Généralement, vous retrouverez ces éléments sous un évier. Si vous disposez d'une buanderie, vous remarquerez sans peine le robinet et les canalisations conçus spécialement pour accueillir un lave-vinge.

Les principaux raccords

L'alimentation en eau est assurée par un flexible raccordé au robinet d'arrivée de l'eau. Vissez simplement le flexible en question au robinet, et le tour est joué ! Attention : veillez bien à ce que le branchement soit fait sur l'arrivée d'eau froide ! Votre équipement se chargera lui-même de réchauffer l'eau à la température désirée.

L'évacuation s'effectue grâce à un second flexible qu'il suffira généralement de visser sous l'évier (dans ce cas, il est souvent connecté directement au siphon). Mais la solution la plus pratique demeure une canne de vidange en PVC équipée d'un siphon : nul besoin alors d'embout à visser, vous n'avez qu'à insérer le flexible dans la canne sur une profondeur de 20 à 30 cm.

BRICO'CONSEIL

Vous ne pouvez pas vous tromper : le flexible d'alimentation présente un diamètre visiblement plus petit que le flexible d'évacuation. En effet, les canalisations auxquelles ils doivent être raccordés sont de tailles différentes.

La solution la plus pratique demeure une canne de vidange en PVC équipée d'un siphon.

La soudure

PRINCIPES, MÉTHODE

On distingue deux types de techniques : le brasage, qui consiste à coller les pièces métalliques grâce à un métal d'apport que l'on fait fondre entre les deux pièces et le soudage qui consiste à faire fondre les pièces à assembler.

C'est la nature de l'opération qui va déterminer la technique qu'il va falloir mettre en oeuvre.
Le brasage tendre est réservé aux travaux d'électricité, de modélisme, de zinguerie ou d'électronique. En plomberie, le brasage fort est souvent préconisé pour le travail des tubes en cuivre.

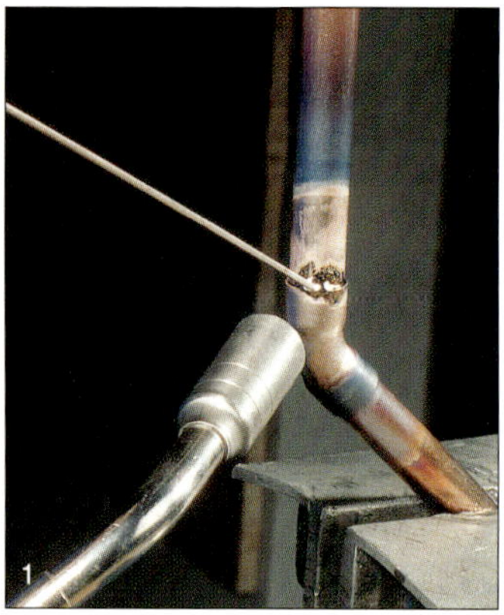

1

BRASURE

Règles d'éxécution

Les parties à souder doivent être parfaitement décapées : enlevez toute trace de peinture, de graisse ou de rouille. Chauffez les pièces à souder à une température légèrement supérieure au point de fusion du métal d'apport utilisé. N'oubliez pas que le métal d'apport doit être compatible avec les pièces à souder.

La technique

Pour le brasage fort, commencez par préparer vos pièces. Nettoyez-les au papier abrasif puis enduisez-les d'un décapant (évite l'oxydation des pièces). Positionnez les pièces à souder puis chauffez-les. Lorsque les pièces rougeoient, approchez la baguette de brasure tout en continuant à chauffer. Répandez la brasure ainsi, tout le long de votre soudure. Avec cette technique, les pièces doivent rester sous flamme tout au long de l'opération. Une fois l'opération terminée, laissez refroidir les pièces sans les toucher.

Assembler des tuyaux de cuivre
Couper les tuyaux

L'outil le plus efficace reste le coupe-tuyau mais vous pouvez tout aussi bien utiliser une scie à métaux. Lors de la coupe, prévoyez toujours un surplus pour compenser la partie perdue par les chevauchements lors des raccordements.

Souder des tuyaux de cuivre

Pour souder des tuyaux, poncez dans un premier temps les extrêmités du joint. Afin de faciliter l'adhérence, enduisez-les d'acide en pâte avant d'insérer le tuyau dans le raccord.Chauffez le joint au chalumeau et déposez un fil d'étain à la jonction à souder. Il devrait fondre immédiatement. Faites le tour du joint avec le fil d'étain en dosant la quantité à utiliser de façon à ne pas obstruer le conduit tout en le scellant efficacement. Essuyez le surplus avec un linge sec. Avant de vous lancer dans votre première soudure, testez l'opération sur des bouts de tuyaux que vous n'utilisez pas.

1. L'assemblage par brasure forte necessite l'utilisation d'un chalumeau et d'un métal d'apport adaptés.
2.Pour l'assemblage par brasure capillaire à l'étain, utilisez une lampe à souder. Pour couper le tube, servez-vous d'une scie à métaux ou d'un coupe tube
3.Ebavurez le tube
4.nettoyez le tube avec de la laine d'acier
5.Nettoyez également l'intérieur du raccord
6.Enduisez l'extremité du tube avec le décapant
7.Pour l'assemblage du tube et du raccord, emboîtez à fond
8.Chauffez les éléments
9.Déposez ensuite le métal d'apport
10. Lorsque le métal aura refroidi, nettoyez l'ensemble à l'aide d'un chiffon

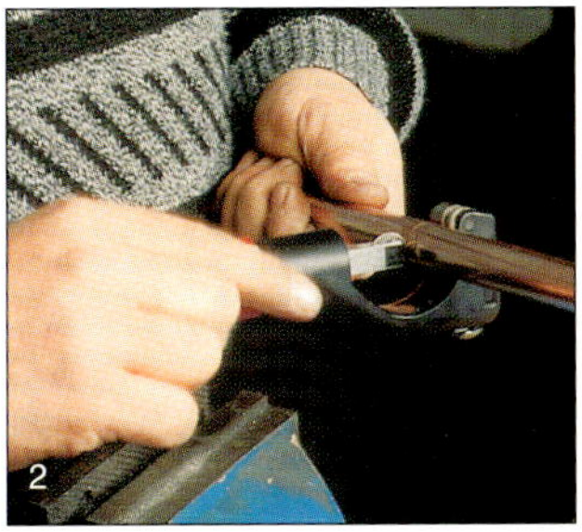

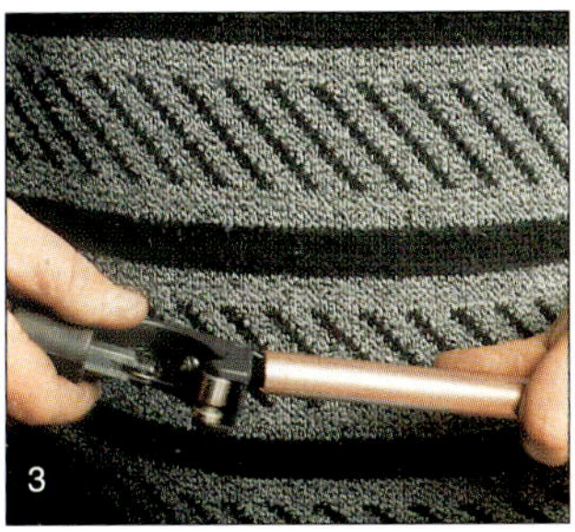

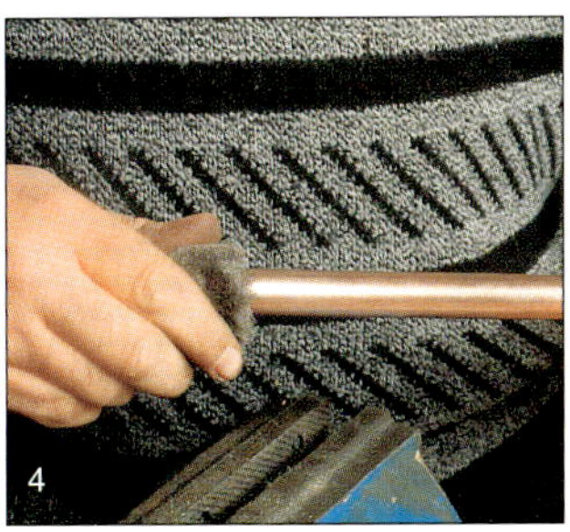

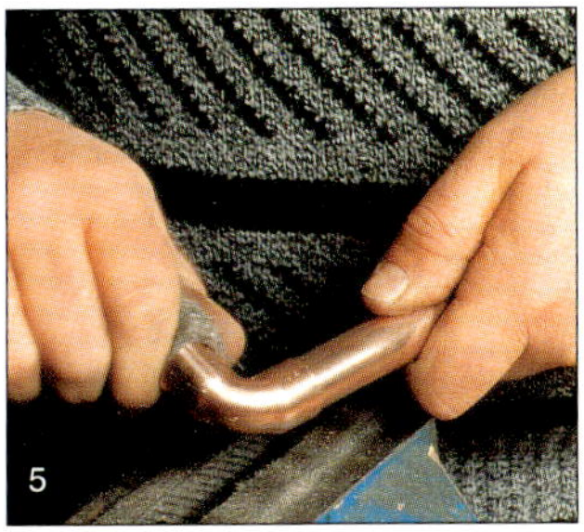

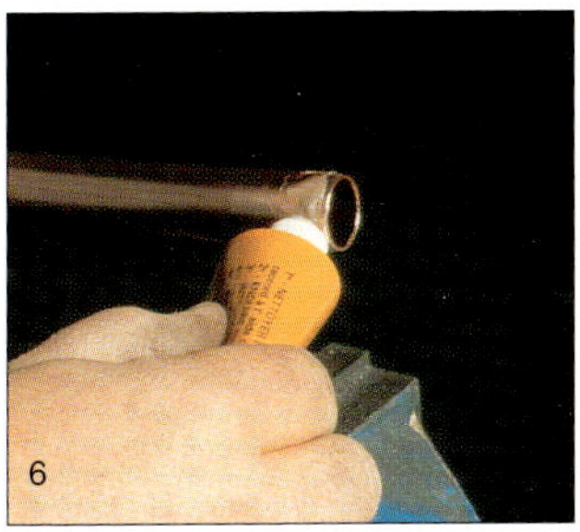

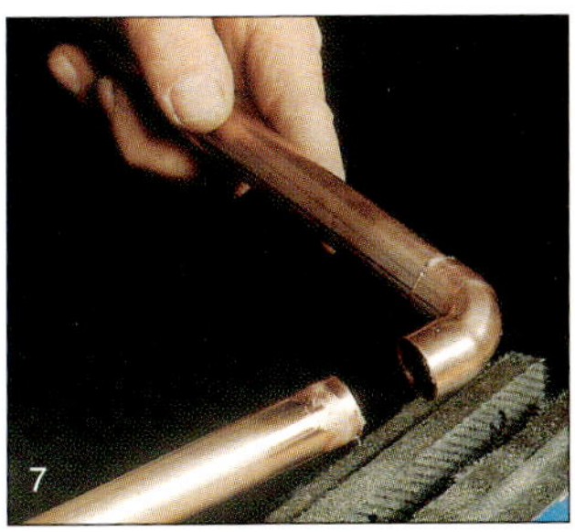

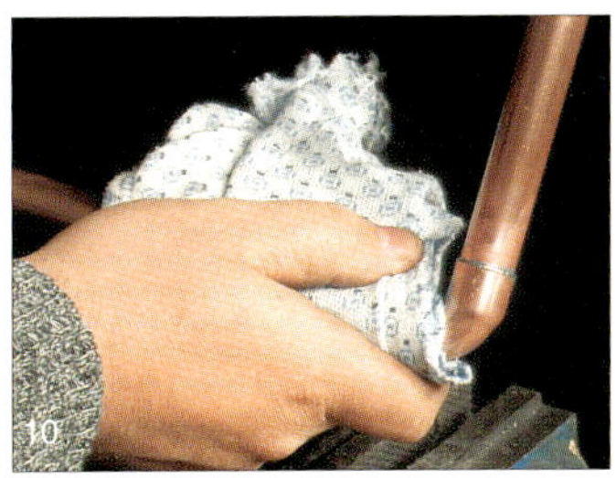

Lexique

BEC

Pièce la plus apparente du robinet d'évier ou de lavabo (les robinets d'arrêt ne possèdent pas de bec), par où s'écoule l'eau que vous utilisez au quotidien.

BONDE

Panier ou plateau troué, installé au fond d'un évier/lavabo ou d'une baignoire, qui permet l'écoulement de l'eau usée et la rétention des impuretés susceptibles de boucher les canalisations.

CARTOUCHE

Système intégré au col-de-cygne destiné au réglage du débit et du mélange eau froide / eau chaude.

CALCAIRE

Micro-particules en supension dans l'eau qui se déposent fréquemment dans les canalisations et appareils sanitaires. C'est la cause des principaux problèmes d'encrassement des installations de plomberie et des équipements ménagers consommateurs d'eau (lave-linge, lave-vaisselle...).

CANNE DE VIDANGE

Tuyau vertical servant à raccorder le flexible d'évacuation d'un lave-linge aux canalisations d'évacuation.

CLOCHE

Partie du système de chasse d'eau ayant pour fonction de soulever et de pousser le clapet de fond, permettant ainsi de commander l'évacuation du réservoir.

COL-DE-CYGNE

Bec du robinet mélangeur, ainsi nommé à cause de sa forme gracieuse et élancée.

COLLIER
Bague munie d'une vis permettant d'enserrer le tuyau de manière à favoriser l'étanchéité des conduites et des raccords.

CUVETTE
Elément principal du WC, où l'arrivée de l'eau propre provoque l'évacuation des eaux usées.

FLEXIBLE
Tuyau souple raccordant l'appareil sanitaire ou le robinet à la canalisation d'arrivée.

FLOTTEUR
Elément du mécanisme de chasse d'eau relié au robinet d'alimentation et qui permet le remplissage du réservoir.

LAVABO SUR COLONNE
Aussi appelé « lavabo sur pied » : il a pour principale fonction de cacher la plomberie située sous le lavabo. Ainsi, contrairement aux apparences, la colonne ne soutient pas du tout le lavabo !

POIGNÉE OU TÊTE
Manette de commande du robinet mitigeur ou mélangeur.

RÉSERVOIR
Partie supérieure du WC conçue pour contenir l'eau propre.

VASQUE
Lavabo intégré au comptoir par encastrement.

Réglementation

Elle comprend les réglements sanitaires départementaux (articles L1311-1 et 1311-2 du Code de la santé publique) et le décret n°89-3 du 3 janvier 1989.

Les réglements sanitaires fixent les règles relatives aux branchements et à la protection contre les retours d'eau du réseau de l'immeuble vers le réseau public. Ils portent également sur la qualité technique des réseaux de distribution dans les immeubles (pression minimale, installation de surpresseurs, protection contre les retours d'eau, traitement, dispositif de chauffage et de production d'eau chaude sanitaire) et celle des installations privatives (protection contre les retours d'eau dans le réseau collectif ou public, détection et réparation des fuites etc.).

Le décret de janvier 1989 concerne les eaux destinées à la consommation humaine. Il énonce les règles d'hygiène qui doivent être respectées et les modalités de contrôle permettant d'assurer la qualité des eaux destinées à la consommation. Le décret n°95-363 datant du 5 avril 1995 a encore complété et renforcé la protection du consommateur en interdisant, notamment, l'utilisation du plomb pour les canalisation d'alimentation en eau.

L'ÉVACUATION DES EAUX USÉES.

Les réglements sanitaires départementaux définissent également des règles relatives à la conception des ouvrages d'évacuation et à la séparation des réseaux. Ils prévoient notamment une séparation rigoureuse entre les évacuations des eaux usées et les eaux pluviales. On y trouve encore des règles concernant le relevage des eaux situées au dessous du branchement d'évacuation, les raccordements, la conception et l'entretien des fosses septiques.

QUELQUES RÈGLES SPÉCIFIQUES AUX RÉSEAUX D'ASSAINISSEMENT

Les communes sont soumises à un règlement très strict concernant l'assainissement (circulaire n°86-140 du 19 mars 1986). Voici quelques points qui y sont abordés.

Indépendance des réseaux intérieurs d'eau potable et d'eaux usées :
tout raccordement direct entre les conduites d'eau potable et les canalisations d'eaux usées est interdit.

Etanchéité des installations et protection contre les reflux :
les canalisations et leurs joints doivent être conçus de telle sorte qu'il résistent aux pressions de l'eau.

Pose de siphons :
tous les appareils raccordés doivent être munis de siphons empêchant la sortie des émanations provenant de l'égout et l'obstruction des conduites par l'introduction de corps solides.

Colonnes de chute d'eaux usées :
toutes les colonnes de chute d'eau doivent être posées verticalement et munies de tuyaux d'évent prolongés au-dessus des parties les plus élevées de la construction

Descentes de gouttière :
les descentes qui sont généralement fixées à l'extérieur des bâtiments doivent être complètement indépendantes et ne doivent en aucun cas servir à l'évacuation des eaux usées.

Direction éditoriale : Marc Baise • Athéo/Strasbourg (67)

Direction artistique/illustrations : André Launay/Belval (88)

Crédits photos :
• Dominique Marques • Marc Baise
• Christophe Bourgeois/Strasbourg • Digital Stock

Textes : Emmanuel Viau
Corrections : Rolland Boehler

ÉDITIONS SAEP
68040 INGERSHEIM

Dépot légal 1er trim. 2003 – n° 2750
Imprimé en U.E.